Der Kinderbuchbär **Mit bunten Bildern**

Tilde Michels

Gustav Bär erzählt Gute-Nacht-Geschichten

Mit bunten Bildern
von Helga Spieß

BENZIGER
EDITION

Die Deutsche Bibliothek – CIP-Einheitsaufnahme

Gustav Bär erzählt Gute-Nacht-Geschichten / Tilde Michels.
Mit bunten Bildern von Helga Spieß.
- 2. Aufl. - Würzburg: Benziger Ed. im Arena Verl., 1994
(Der Kinderbuchbär: Mit bunten Bildern)
ISBN 3-401-07170-X

2. Auflage 1994
© Benziger Edition im Arena Verlag GmbH, Würzburg 1994
Alle Rechte vorbehalten
Einband und Innenillustrationen: Helga Spieß
Gesamtherstellung: Chemnitzer Verlag und Druck GmbH
Werk Zwickau
ISBN 3-401-07170-X

Inhalt

Drei Wanderbären tauchen auf

Gustav Bär hat ein gemütliches, weiches Bett. Ein richtiges Bärenbett, in dem er sich wohl fühlt. Denn Gustav ist ein Langschläfer und ein Dauerschläfer und ein Winterschläfer. Kaum ist die Sonne untergegangen, kuschelt er sich unter seine Decke und schläft einen tiefen Bärenschlaf.

Eines Abends aber, als Gustav die Bettdecke zurückschlägt, liegt da schon jemand drunter. Gustav brummelt und schaut:
Drei fremde kleine Bären liegen da und blinzeln ihn an. Liegen einfach in seinem Bett und blinzeln.
»Ja wer . . .? Ja woher . . .? Ja wieso . . .?« stottert Gustav.
Aber die drei kleinen Bären wissen schon, was er fragen will.
Sie antworten: »Wir heißen Cilli, Bim und Mocke. Wir sind Wanderbären.«
Bim sagt: »Wir wandern durchs Land, mal dahin, mal dorthin.«
Mocke sagt: »Wo's uns gefällt, da bleiben wir.«
Und Cilli sagt: »Bei dir gefällt's uns.«
Gustav schnauft und wiegt den Kopf. So schnell kann er das

gar nicht begreifen. »Wanderbären seid ihr?« wiederholt er. »Und es gefällt euch bei mir? Wirklich?«

Die Wanderbären nicken mit den Köpfen.

Dann sagt Mocke: »Außerdem bist du so allein. Das ist doch langweilig, oder? Da haben wir uns gedacht, wir könnten deine Freunde sein.«

»Meine Freunde?« Gustav Bär strahlt. »Freunde habe ich mir schon immer gewünscht. Mit Freunden kann man spielen. Mit Freunden kann man lachen. Mit Freunden kann man Dummheiten machen . . .«

»Und mit Freunden muß man alles teilen«, sagt Mocke.

»Teilen?« fragt Gustav. »Was denn teilen?«

»Zum Beispiel«, sagt Cilli und blinzelt, »zum Beispiel das Bett.«

Gustav Bär sagt eine ganze Weile gar nichts. Er brummelt nicht einmal. Er schaut nur vor sich hin und zieht die Stirn in Falten.

»Teilen?« fragt er schließlich. »Mein Bett?«

Die drei Wanderbären setzen sich auf und schauen Gustav an. Ganz lieb schauen sie ihm in die Augen.

»Teilen!« sagt Cilli.

»Bett!« sagt Bim.

»Freunde!« sagt Mocke.

Dann streicheln sie ihm die Bärentatzen, wie ihm noch nie jemand die Tatzen gestreichelt hat.

Da wird es Gustav ganz warm ums Herz.

Er schaut hinunter auf Cilli, Bim und Mocke, die sich so

behaglich in sein Bett gekuschelt haben, und er sagt: »Also gut, wir teilen.«

Damit sind Gustav und die drei kleinen Wanderbären Freunde.

»Und jetzt«, erklärt Gustav, »will ich schlafen.«

»Jetzt«, sagt Mocke, »mußt du uns eine Geschichte erzählen.«

»Eine Gute-Nacht-Geschichte«, sagt Bim.

»Ohne Gute-Nacht-Geschichte können wir nicht einschlafen«, sagt Cilli.

Gustav ist müde. Er wäre so gern in sein Bett gekrochen und hätte einfach die Augen zugemacht. Aber er will nicht, daß seine neuen Freunde traurig werden.

Also setzt er sich an den Bettrand und sagt: »Na gut, ich erzähle euch eine Geschichte.«

Gustav Bär erzählt
seine erste Gute-Nacht-Geschichte

»Was soll ich euch denn erzählen?« fragt Gustav.

»Erzähl, wie es war, als du klein warst«, verlangt Cilli.

»Als ich klein war?« wiederholt Gustav.

»So was hören wir nämlich am liebsten«, erklärt Bim.

»Also gut«, sagt Gustav Bär, »ich fange an: Es war einmal ein kleiner Bär . . .«

»Und das warst du!« ruft Mocke dazwischen.

»Richtig«, sagt Gustav. »Der kleine Bär wohnte mit seinem Vater, seiner Mutter und mit Tante Lillibär in einer warmen Bärenhöhle. Dort roch es so gut wie nirgendwo sonst auf der Welt. Nach Bärenfell roch es und nach Honigplätzchen.

Eines Tages sagte der Vater: ›Unser kleiner Bär ist jetzt alt genug. Er muß lernen, wie es die großen Bären machen. Ich will ihm zeigen, wie er stark und geschickt und mutig wird.‹ Der Mutter war das recht, denn sie wollte gern ein starkes, geschicktes, mutiges Bärenkind. Nur Tante Lillibär war dagegen. Tante Lillibär lag den ganzen Tag auf dem Sofa und aß Honigplätzchen. Sie war kugelrund wie ein Fäßchen. Aber sie fand sich gerade richtig und schön.

›Laß doch unser Gustavchen in Ruhe!‹ rief Tante Lillibär.

›Warum muß ein kleiner Bär schon so viel lernen? Er soll lieber Honigplätzchen essen, davon wird er auch stark.‹

Der kleine Bär wollte aber lernen, wie es die großen Bären machen. Also zog er mit seinem Vater los in den Wald.

›Zuerst will ich dir zeigen, wie man auf Bäume klettert‹, sagte der Vater. ›Stell dich dicht an den Stamm! Arme hoch, Tatzen in die Rinde krallen, Hinterteil nachschieben und mit den Beinen festklammern! Dann wieder Arme hoch, Tatzen in die Rinde krallen, Hinterteil nachschieben und mit den Beinen festklammern!‹

Leicht war das nicht. Zuerst rutschte der kleine Bär immer wieder ab. Bald taten ihm seine kleinen Tatzen weh. Deshalb sagte sein Vater: ›Schluß! Das war für den Anfang schon sehr gut.‹

Als sie nach Hause kamen, rief der kleine Bär schon von weitem: ›Mami, Mami, ich kann schon auf Bäume klettern!‹ Die Mutter betastete seine Arme und sagte: ›Wirklich! Du hast schon ganz kräftige Muskeln bekommen.‹

Auch Tante Lillibär ließ sich von ihrem Sofa rollen und betrachtete Gustavs Pfoten: ›Richtig wundgescheuert hat er sich‹, jammerte sie. ›Ich sage doch, das ist noch nichts für Gustavchen. Dafür ist er viel zu klein.‹ Und sie schob dem kleinen Bären rasch ein Honigplätzchen in den Mund.

Der kleine Bär hat gekaut, geschluckt und dann gelacht. ›Morgen, Tante Lillibär, morgen lerne ich noch viel mehr.‹

An diesem Abend ist der kleine Bär freiwillig ganz früh ins Bett gegangen. So müde war er.«

Gustav Bär steht vom Bettrand auf. Er gähnt ganz schrecklich und sagt: »So ist das gewesen, als ich klein war. Und jetzt will ich endlich meine Ruhe haben. Macht Platz!«
Cilli, Bim und Mocke rutschen zur Seite. Gustav kriecht unter die Bettdecke und fällt sofort in einen tiefen Bärenschlaf.

Die Eisenbahn

Jetzt wohnen Cilli, Bim und Mocke im Bärenhaus. Das Bärenhaus hat nur ein einziges Zimmer. Da steht alles drin, was Gustav Bär besitzt: sein breites, weiches Bett, sein Schrank, seine Spielzeugkiste, sein Schaukelstuhl, sein Kochherd und sein großer Honigtopf. Für Gustav ist es das schönste Haus der Welt. Friedlich, still und behaglich, wie er es mag. Genau richtig für einen Langschläfer und Dauerschläfer und Winterschläfer.

So ist es jedenfalls bisher gewesen. Aber seit die drei kleinen Wanderbären aufgetaucht sind, hat sich manches geändert. Cilli, Bim und Mocke wollen nicht still dasitzen. Sie wollen laut und wild sein.

Wenn Gustav im Schaukelstuhl döst, toben sie im Zimmer herum.

Wenn Gustav noch schläft, hopsen sie auf seiner Bettdecke. Und die Spielsachen lassen sie überall herumliegen.

Will Gustav aber schimpfen, dann klettern sie schnell an ihm hoch, streicheln ihn und sagen: »Wir sind doch deine Freunde.«

Da kann Gustav nicht mehr schimpfen.

Einmal hat Cilli Gustavs Eisenbahn in der Spielzeugkiste

entdeckt. Die hat eine rote Lokomotive aus Holz und drei blaue Wagen.

»Los! Wir fahren mit der Eisenbahn!« ruft Cilli.

»Ich bin der Lokführer«, schreit Mocke.

»Immer will Mocke das beste sein«, beklagt sich Bim. »Wir wollen auch Lokführer sein.«

Aber Mocke sitzt schon auf der Lokomotive und macht tschuff, tschuff, tschuff.

Da steigen Bim und Cilli halt in die blauen Wagen und machen auch tschuff, tschuff, tschuff.

Aber die Eisenbahn fährt nicht los.

»Ihr müßt lauter tschuffen!« ruft Mocke.

Sie fangen an, ganz laut tschuff, tschuff, tschuff zu brüllen. Dabei wackeln sie mit den Wägelchen.

Aber die Eisenbahn fährt nicht los. Nur Gustav Bär in seinem Schaukelstuhl wacht auf.

»Es geht nicht. Sie fährt nicht«, schreit Cilli.

»So kann's ja auch nicht gehen«, sagt Gustav. »Einer muß schieben.«

»Wir wollen nicht schieben«, sagt Mocke. »Wir wollen fahren.«

»Fahren«, wiederholt Bim.

Und Cilli fragt: »Schiebst du uns?«

Da seufzt Gustav Bär. Er klettert aus seinem Schaukelstuhl und schiebt die Lokomotive an. Die Holzräder rumpeln über den Boden, und die Eisenbahn fährt im Zimmer herum.

»Wir fahren!« schreien die drei kleinen Bären.

Gustav Bär rennt und schiebt und rennt und schiebt. Bis er keine Puste mehr hat. Jetzt kann er nur noch langsam laufen. Aber die drei kleinen Bären haben noch nicht genug.

»Weiter, weiter!« ruft Cilli.

»Schneller, schneller!« schreit Mocke.

»Ich kann nicht mehr«, japst Gustav und setzt sich auf den Boden.

Da hat Bim Mitleid mit ihm. Er steigt von seinem Wagen und sagt: »Gustav hat uns lange genug gefahren. Er darf jetzt auch mal in der Eisenbahn sitzen.«

Gustav strahlt. Das hat er sich schon lange gewünscht. Natürlich ist er ein bißchen groß für die Eisenbahn. Aber er setzt sich auf den dritten Wagen und stellt die Füße einfach in den zweiten. So geht's. Cilli, Bim und Mocke schieben alle drei

die Lokomotive. Sie schieben, so schnell sie können. Gustav Bär aber hockt glücklich auf dem Wagen und brummt: »Tschuff, tschuff, tschuff.«

Gustav Bär erzählt
seine zweite Gute-Nacht-Geschichte

Gustav Bär setzt sich ans Bett. »Was soll ich euch denn heute erzählen?« fragt er.

»Erzähl noch mal, wie du klein warst«, verlangt Cilli.

»Also gut«, sagt Gustav Bär, »ich fange an: Es war einmal ein kleiner Bär . . .«

»Und das warst du!« ruft Mocke.

»Richtig«, sagt Gustav. »Der kleine Bär hatte vom vielen Auf-die-Bäume-Klettern ganz starke Arme und ganz harte Krallen bekommen. Eines Tages sagte sein Vater: ›Unser kleiner Bär ist stark geworden. Er kann schon genauso gut klettern wie ich. Aber er soll noch mehr lernen. Heute gehe ich mit ihm an den Fluß zum Fischefangen.‹

›Wie herrlich!‹ sagte die Mutter. ›Dann gibt es heute Fisch zum Abendessen!‹

›Wie gräßlich!‹ rief Tante Lillibär vom Sofa, denn sie mochte keinen Fisch. ›Bring Gustavchen doch nicht so gefährliche Sachen bei! Wie leicht kann er beim Fischefangen ins Wasser fallen!‹

›Na und?‹ sagte der Vater. ›Dann fällt er halt rein. Er kann doch schwimmen. Außerdem passe ich auf.‹

›Ich bin überhaupt dagegen, daß Gustavchen Fische ißt‹, sagte Tante Lillibär. ›Fische haben Gräten, die bleiben ihm womöglich im Hals stecken. Gustavchen soll lieber Honigplätzchen essen.‹

›Ich will aber Fische fangen und Fische essen‹, rief der kleine Bär.

Dann hat er einen Korb geholt und ist mit seinem Vater zum Fluß getrottet. Am Ufer haben sie sich ins seichte Wasser gestellt und gewartet.

›Da!‹ schrie der kleine Bär. ›Ein Fisch!‹ Er patschte mit beiden Armen ins Wasser, und als er wieder hochkam, hatte er einen nassen Bauch. Aber der Fisch war weg.

›Nicht so hastig‹, sagte der Vater. ›Du mußt ganz still stehen und auf den richtigen Augenblick warten. Ich mach es dir vor.‹

Also haben beide wieder gewartet. Ein Fisch kam angeschwommen. Aber der Vater rührte sich nicht. Ein zweiter Fisch kam angeschwommen. Aber der Vater rührte sich nicht.

›Wann ist denn endlich der richtige Augenblick?‹ flüsterte der kleine Bär.

Der Vater legte die Tatze auf den Mund und schüttelte den Kopf.

Dann kam der dritte Fisch angeschwommen. Er war groß und fett, und er blieb genau vor ihnen im Wasser stehen. Der kleine Bär konnte sehen, wie er sanft mit den Flossen paddelte.

Da beugte sich der Vater sachte hinunter. Ganz, ganz sachte schob er die Tatze vor, und plötzlich – pitsch – fuhr er mit der Pranke ins Wasser und schleuderte den Fisch ans Ufer.
›Wir haben ihn, wir haben ihn!‹ schrie der kleine Bär.

Und dann hat er es auch versucht. Sachte vorgebeugt, ganz, ganz sachte die Pfote vorgeschoben, und – pitsch – mit Schwung durchs Wasser. Aber kein Fisch ist ans Ufer geflogen.
›Warum geht es bei mir nicht?‹ fragte der kleine Bär.
›Du mußt halt üben, viel üben‹, antwortete der Vater. ›Ich habe es auch nicht gleich gekonnt.‹
Da hat der kleine Bär geübt, immer und immer wieder. Aber am ersten Tag hat er noch keinen Fisch erwischt. Der Vater hat zehn schöne Fische gefangen. Die durfte der kleine Bär im Korb nach Hause tragen.

Tante Lillibär hat schon wieder mit einer Dose Honigplätzchen auf dem Sofa gelegen. Sie hat natürlich sofort Gustavs
nasses Fell gesehen und gerufen: ›Hab ich's nicht gesagt?
Fischen ist gefährlich für kleine Bären. Komm, Gustavchen,
hol dir schnell ein Honigplätzchen!‹
Der kleine Bär aber setzte sich mit seinen Eltern an den Tisch
vor die große Platte mit Fischen. Er hat gegessen und gegessen, bis er ganz müde wurde und auf dem Stuhl einschlief.
Da hat ihn die Mutter ins Bett getragen.«

Gustav Bär gähnt. Er sagt: »Wenn ich ans Schlafen denke,
werde ich gleich müde. Macht Platz! Gute Nacht.«

Das Klötzchenhaus

Gustav Bär hat in seiner Spielkiste viele bunte Bauklötze. Damit baut er Häuser und Burgen und Brücken. Einmal hat er ein Haus gebaut, das ist wunderschön geworden und gerade groß genug für Cilli, Bim und Mocke.

»Schaut mal, ich hab euch ein Haus gebaut!« ruft Gustav. Doch die drei kleinen Bären sind nicht da.

Gustav läuft aus dem Bärenhaus, um sie zu suchen. Er läuft zum Apfelbaum – aber da sind sie nicht. Er läuft zum Pflaumenbaum – aber da sind sie nicht. Er läuft zum Kirschbaum – aber da sind sie nicht. Er läuft zum Birnbaum – aber da sind sie auch nicht.

Vielleicht, denkt Gustav Bär, vielleicht haben sie sich hinter der Brombeerhecke versteckt.

Er schleicht zur Brombeerhecke. Und als er gerade dahinter verschwindet, kriechen Cilli, Bim und Mocke aus einem Blätterhaufen. Sie wissen nicht, daß Gustav nach ihnen sucht.

»Gustav!« ruft Cilli. »Wo bist du?«

Aber Gustav kann sie nicht hören. Er ist ja hinter der Brombeerhecke.

Die drei kleinen Bären laufen ins Zimmer. »Gustav! Bist du hier?«

Da entdeckt Mocke das Klötzchenhaus. Und weil es ihm gleich gefällt, ruft er schnell: »Das Haus gehört mir!«

Bim und Cilli betrachten das schöne Haus von allen Seiten. Sie wollen es auch gern haben.

Aber Mocke sagt: »Es gehört mir. Ich hab es zuerst gesehn.« Geschwind schlüpft er hinein und macht die Bauklötzchentür zu. Dann ruft er durch den Türspalt: »Es ist *mein* Haus!«

Bim und Cilli rütteln an der Tür.

Mocke hält sie von innen zu. »Es ist *mein* Haus!«

»Laß uns doch rein«, betteln Bim und Cilli.

Sie hocken sich vor dem Haus auf den Boden und warten, ob Mocke nicht doch aufmacht. Mocke will aber nicht. Er schreit nur immerzu: »Es ist *mein* Haus, es ist *mein* Haus!«

Da wird es den beiden zu dumm, und sie laufen fort. Jetzt ist Mocke allein mit seinem Haus. Er spaziert darin herum, schaut aus allen Fenstern und ruft: »Es ist *mein* Haus!«

Weil ihn aber niemand sieht und niemand hört, wird ihm das bald langweilig. Vor lauter Langeweile legt er sich in seinem Haus auf den Boden und schläft ein.

Bald darauf kommt Gustav Bär angezottelt. Er ist ganz aufgeregt, weil er Cilli, Bim und Mocke nicht gefunden hat. Er stolpert ins Zimmer und stößt mit seinem Bauch gegen das Klötzchenhaus. Es wackelt und stürzt ein.

Klicks, klacks, fallen die Klötzchen Mocke auf die Nase. Der wacht auf und schaut verdutzt aus den Trümmern. Da kommen Bim und Cilli herbeigelaufen und lachen ihn aus.

Dem Gustav tut der verschüttete Mocke leid, und er sagt: »Komm, wir bauen das Haus zusammen wieder auf.«

Aber Cilli und Bim sagen: »Mocke soll es allein aufbauen. Es ist ja *sein* Haus, *sein* Haus, *sein* Haus!«

Gustav Bär erzählt
seine dritte Gute-Nacht-Geschichte

»Setz dich zu uns, Gustav!« sagt Mocke und rutscht zu Bim und Cilli unter die Bettdecke. »Heute mußt du uns erzählen, wie der kleine Bär mutig geworden ist.«

»Richtig«, sagt Gustav, »das muß ich heute erzählen: Also: Es war einmal ein kleiner Bär, und der war schon sehr stark und sehr geschickt . . .«

»Und eines Tages sagte der Vater«, ruft Mocke.

»Ja, und eines Tages sagte der Vater: ›Heute soll unser kleiner Bär lernen, wie man den Honig der wilden Bienen sammelt.‹

›Wie wundervoll!‹ rief Tante Lillibär. ›Da kann ich Honigplätzchen backen.‹ Sie war so entzückt, daß sie gar nicht daran dachte, wie gefährlich wilde Bienen sind.

Nur die Mutter sagte: ›Paßt gut auf, daß euch die Bienen nicht ins Gesicht stechen!‹

Der kleine Bär hat einen Eimer genommen und ist mit dem Vater losgezottelt.

Unterwegs erklärte ihm der Vater: ›Wenn es irgendwo summt und brummt, müssen wir achtgeben. Das sind nämlich die Bienen. Sie bauen ihre Waben meistens in Baumhöhlen.‹

›Waben?‹ fragte der kleine Bär. Das Wort hatte er noch nie gehört.

›Waben sind die Speisekammern der Bienen‹, erklärte der Vater. ›Sie bauen viele kleine Kammern aus Wachs aneinander. Darin bewahren sie den Honig auf. – Jetzt sei aber still, damit wir die Bienen hören können.‹

Der kleine Bär spitzte die Ohren. Er hörte es summen und schwirren. Aber es waren nur Käfer und Libellen und dicke Brummer.

Sie wanderten lange umher und suchten. Der Vater schaute in alle Baumhöhlen, und der kleine Bär fing an, sich zu langweilen. Am liebsten wäre er umgekehrt und heimgelaufen.

›Wann finden wir sie denn endlich, die Bienen?‹ fragte er.

›Du mußt Geduld haben‹, sagte der Vater.

Als die Sonne schon ganz hoch am Himmel stand, kamen sie über eine Waldwiese. Da war ein Summen und Brummen in der Luft.

Der kleine Bär rief: ›Hier sind sie bestimmt!‹

Und dann entdeckten sie den Baum, wo die Bienen ein- und ausflogen.

›Honig!‹ sagte der Vater und stapfte auf den Baum zu. Der kleine Bär tapste hinterdrein.

›Vorsicht!‹ warnte der Vater. ›Sie werden uns angreifen.‹

Der kleine Bär spürte, wie sein Herz ein bißchen schneller zu klopfen begann.

›Mut gehört schon dazu‹, sagte der Vater. ›Bleib hier stehen, und mach es wie ich: Schultern hoch und Kopf einziehen! Durch den dichten Pelz können sie nicht stechen. Und unseren Tatzen machen die Stiche nichts aus. Die haben harte Schwielen.‹

›Das ist ja sehr praktisch‹, sagte der kleine Bär.

Er hat also den Kopf einzogen und beobachtet, was der Vater machte. Der war kaum am Honigbaum angelangt, da stürzten sich die Bienen wütend auf ihn. Aber sie blieben alle in seinem zottigen Pelz hängen.

Der Vater hat dann ganz ruhig mit der Pranke in die Baumhöhle gelangt und eine große goldgelbe Honigwabe herausgeholt. Der kleine Bär ist schnell hingelaufen und hat die Wabe in seinen Eimer gelegt. Ein bißchen bange ist ihm schon zumute gewesen. Aber er hat den Kopf ganz fest eingezogen. Nur einen Augenblick hat er nicht aufgepaßt. Er hat aufgeschaut – und da hat ihn eine Biene in die Schnauze gestochen. Das hat furchtbar gebrannt. Der kleine Bär hat gejault, und der Vater hat ihn schnell an einen Bach geführt. Dort hat sich der kleine Bär seine Schnauze gekühlt. Ein großes Stück Wabenhonig hat er auch bekommen.

Als sie nach Hause kamen, hatte der kleine Bär ein ganz geschwollenes Gesicht. Aber Tante Lillibär, die sonst bei allem gleich losjammerte, hat es gar nicht bemerkt. Sie hat nur immerzu den Honig angeschaut und sich die Lippen geleckt.

Gleich am nächsten Tag hat sie Honigplätzchen gebacken. Der kleine Bär durfte ihr dabei helfen. Es sind die allerbesten Honigplätzchen geworden, die er je gegessen hat.«

Gustav Bär rollt sich in sein Bett, und bevor er einschläft, murmelt er noch einmal: »Honigplätzchen!«

Die Windmaschine

Einmal hat Gustav Bär eine Windmaschine gebastelt. Das war ziemlich schwierig. Lange hat er daran herumgebastelt und dabei laut geschnauft.

In eine runde Büchse hat er zwei Löcher gebohrt, eines oben und eines an der Seite. Ins obere Loch hat er ein Windrädchen gesteckt, in das Loch an der Seite eine Kurbel. Beides hat er in der Büchse von unten mit einem kleinen Zahnrad verbunden.

Immer, wenn Gustav an der Kurbel dreht, dann dreht sich auch das Windrad. Gustav Bär ist stolz auf seine Windmaschine, und er dreht von morgens bis abends daran – aber nur ganz langsam und vorsichtig.

Zu Cilli, Bim und Mocke sagt er: »Rührt mir die Windmaschine nicht an! Sie ist empfindlich. Ihr macht sie kaputt.«

Natürlich hätten die drei gern mal gedreht. Trotzdem versprechen sie: »Wir rühren sie nicht an.«

Als Gustav aber einmal weg ist, sagt Mocke: »Der olle Gustav mit seiner Windmaschine! Wie der sich hat! Nicht mal richtig anschauen läßt er sie uns.«

»Der spinnt, mit seiner Windmaschine«, sagt Cilli.

»Wollen wir jetzt mal?« schlägt Mocke vor.

»Au ja!« sagt Cilli.

Aber Bim warnt: »Lieber nicht.«

»Vom Anschauen geht sie doch nicht kaputt«, sagt Cilli.
Cilli und Mocke rutschen ganz nah an die Windmaschine heran. Sie wollen sie nur anschauen, wirklich nur anschauen, sonst nichts.

»Wunderschön«, sagt Mocke und legt seine Hand mal ein bißchen auf die Kurbel. Er legt sie nur darauf, sonst nichts. Er hat bestimmt nicht drehen wollen. Zuerst nicht. Aber dann hat er doch. Die Maschine bewegt sich. Das Windrad dreht sich sanft.

»Sie dreht sich!« schreit Mocke.

»Laß mich auch mal«, verlangt Cilli.

Bim schaut von weitem zu. »Paßt bloß auf!« sagt er.

»Angsthase!« ruft Mocke.

»Bin ich nicht«, sagt Bim.

»Bist du doch«, sagt Mocke.

Bim will kein Angsthase sein. Deshalb kommt er näher und faßt auch mal die Kurbel an.

»Dreh doch, dreh!« sagt Mocke.

Da beginnt Bim vorsichtig zu drehen. Das macht soviel Spaß, daß Bim alles andere vergißt.

Und dann drehen sie abwechselnd; erst Mocke, dann Cilli, dann Bim.

Zu Anfang drehen sie ganz langsam und sacht. Nach einer Weile dreht Mocke ein bißchen schneller. Cilli dreht auch ein bißchen schneller und Bim auch. Schließlich drehen sie ganz schnell und ganz wild. Dabei singen sie:

»Wind, Wind, Wind,
der olle Gustav spinnt!«

Die Windmaschine wirbelt ganz toll. Auf einmal aber macht es »kraacks«. Die Kurbel bricht ab, und das Windrad kippt herunter.

Cilli, Bim und Mocke erschrecken ganz fürchterlich.

Was jetzt?

»Ich hab's ja gesagt, ich hab's ja gesagt«, jammert Bim.

»Nichts hast du«, sagt Mocke. »Du hast mitgedreht.«

»Still!« flüstert Cilli. »Ich hör was.«

Da kommt auch schon Gustav Bär ins Haus getapst. Cilli, Bim und Mocke schlüpfen schnell unter den Schrank und verstecken sich.

Gustav Bär entdeckt natürlich sofort seine zerbrochene Windmaschine. Er murrt und brummt.

»Diese Strolche!« schimpft er. »Diese windigen Wanderbären! Jetzt reicht's mir aber. Schluß! Aus! Nichts mehr wird geteilt. Keine Spielsachen, kein Bett – nichts mehr!«

Er wirft die zerbrochene Windmaschine in die Spielzeugkiste, legt sich in sein Bett und zieht die Decke über den Kopf.

Gustav Bär erzählt
KEINE Gute-Nacht-Geschichte

Wenn man böse aufeinander ist

Auch am andern Morgen ist Gustav Bär noch böse auf Cilli,
Bim und Mocke. Er hockt auf seinem Bett und brummelt vor
sich hin. »Nie mehr rede ich mit denen; nie, nie mehr!«
Die drei liegen unter dem Schrank. Nur die Köpfe schauen
heraus. Auf dem harten Boden haben sie natürlich nicht so
bequem geschlafen wie in Gustavs Bett. Jetzt sind sie böse
auf Gustav, weil er sich so angestellt hat wegen der Windmaschine.
»So eine olle blöde Windmaschine, die gleich kaputtgeht«,
maulen sie.
Cilli rutscht unter dem Schrank hervor und sagt: »Wir sind

doch Freunde. Da darf man nicht gleich schimpfen.« Sie lächelt ihn ganz lieb an, aber Gustav schaut gar nicht erst hin. Er dreht den drei Wanderbären den Rücken zu, nimmt seinen Kreisel und läßt ihn auf dem Boden tanzen. Der Kreisel dreht sich und summt dabei eine sanfte Melodie.

Und Gustav brummt dazu: »Am schönsten ist's alleine, am schönsten ist's alleine.«

»Kommt«, sagt Mocke. »Dann spielen wir eben auch alleine.«

Sie hocken sich in einen Kreis weit weg von Gustav. Mocke zieht eine Murmel aus buntem Glas aus der Tasche. Die schiebeln sie rundum: von Mocke zu Bim, von Bim zu Cilli, von Cilli wieder zu Mocke. Und während die bunte Glaskugel von einem zum andern rollt, singen sie: »Am schönsten ist's zu dritt, am schönsten ist's zu dritt.«

Doch heimlich schielen sie immer wieder zum Kreisel hinüber, der sich so lustig dreht. Und Gustav Bär schielt zu der bunten Murmel.

Einmal schubst Bim die Glaskugel zu weit, und sie rollt Gustav Bär genau vor die Füße. Am liebsten hätte Gustav sie aufgehoben und zurückgeschubst. Aber er will ja nicht mehr mit den andern spielen. Deshalb gibt er der Murmel einen Tritt, daß sie durchs ganze Zimmer fliegt.

Und einmal tanzt der Kreisel ganz dicht an Cilli, Bim und Mocke vorbei. Er dreht sich nur noch müde und taumelt ein bißchen. Sie hätten ihn gern angestupst, damit er weitertanzt. Aber sie wollen ja auch nicht mehr mit Gustav spielen.

Sie rühren den Kreisel nicht an und schauen zu, wie er sich zur Seite legt und austrudelt.

So geht das weiter. Jeder spielt für sich: Gustav Bär in der einen Ecke, Cilli, Bim und Mocke in der anderen.

Auf einmal muß Gustav niesen. Er niest und niest ganz fürchterlich. »Hatschi«, macht er. »Hatschi, hatschi.«

Da vergißt Mocke, daß er nicht mit Gustav reden will.

»Gesundheit!« ruft er. Und auch Cilli und Bim rufen: »Gesundheit!«

Gustav Bär schaut auf und fängt zu lachen an. Ganz breit und versöhnlich lacht er. Da müssen auch Cilli, Bim und Mocke lachen. Sie rücken mit ihrer Glaskugel ein bißchen näher heran, und Gustav rückt auch ein bißchen näher. Zum Schluß sitzen alle zusammen in einem Kreis auf dem Boden.

Sie lassen die Murmel rundum rollen: von Mocke zu Bim, von Bim zu Cilli, von Cilli zu Gustav und von Gustav wieder zu Mocke.

Nach einer Weile sagt Gustav: »Mein Magen knurrt. Ich glaub, ich brauche einen großen Pfannkuchen. – Ihr vielleicht auch?«

»Na klar«, rufen Cilli, Bim und Mocke.

Gustav gibt Mehl und Milch in eine Schüssel, schlägt Eier darüber und rührt einen Pfannkuchenteig. In seiner allergrößten Pfanne bäckt er einen riesigen Pfannkuchen. Den essen sie gemeinsam auf.

Daß sie einmal böse aufeinander gewesen sind, haben sie längst vergessen.

Gustav Bär erzählt
seine vierte Gute-Nacht-Geschichte

*A*m Abend nach diesem Tag setzt sich Gustav wieder an den Bettrand und fragt: »Was soll ich heute erzählen?«

Da fragt Cilli: »Kannst du auch Märchen erzählen? Richtige Bärenmärchen?«

»Klar kann ich das«, sagt Gustav. »Als ich klein war, hat mir meine Mutter viele Märchen erzählt.«

»Dann erzähl uns mal ein Märchen, in dem ein Wanderbär vorkommt.«

»Also gut«, sagt Gustav. »Ich fange an! Es war einmal ein junger Wanderbär, der wanderte durchs Land. Eines Tages kam er zum Schloß des Bärenkönigs. Als er so durch den Schloßpark wanderte, sah er die Bärenprinzessin. Die ist aber schön, dachte er, und er beschloß, die Prinzessin zu heiraten. Die anderen Bären lachten ihn aus: ›Du kannst doch keine Prinzessin heiraten. Du bist nur ein einfacher Bär.‹

›Ich bin genauso viel wert wie die Prinzessin‹, sagte der Wanderbär. Er wanderte auch gleich auf das Schloß zu und hinein in den Thronsaal.

Weil der Bärenkönig gerade nichts zu tun hatte und sich langweilte, empfing er ihn ziemlich freundlich.

›Soso‹, sagte der Bärenkönig, ›du willst die Prinzessin zur Frau?‹

›Ja, die will ich‹, antwortete der junge Bär.

›Was kannst du denn alles?‹ erkundigte sich der Bärenkönig.

›Ich kann‹, sagte der Wanderbär, ›ich kann auf Bäume klettern.‹

›Das kann jeder Bär‹, sagte der Bärenkönig.

›Ich kann Fische fangen‹, sagte der Wanderbär.

›Hör mir auf mit Fischen!‹ rief der Bärenkönig. ›Fische mag ich nicht.‹

›Ich kann‹, fuhr der Wanderbär fort, ›ich kann dir Honig sammeln, soviel du willst.‹

Der König schüttelte den Kopf. ›Das ist alles nichts Besonderes‹, brummte er. ›Wenn du die Prinzessin heiraten willst, mußt du mir ein Säckchen mit Wundernüssen bringen. In drei Tagen sollst du zurück sein. Und weh dir, wenn du keine Wundernüsse gefunden hast!‹

Der Wanderbär hatte noch nie etwas von Wundernüssen gehört, und er wußte auch nicht, wo er sie suchen sollte. Trotzdem machte er sich auf den Weg.

Er ging einen Tag, er ging zwei Tage, und er suchte unter allen Nußbäumen. Aber Wundernüsse fand er nicht.

Der dritte Tag brach an, und nun glaubt ihr vielleicht, daß der Wanderbär sehr aufgeregt war. Keine Spur. Er dachte scharf nach. Dann füllte er gewöhnliche Nüsse in sein Säckchen und lief ins Schloß zurück.

Der König versammelte sofort den ganzen Hofstaat. Der

Oberhofmeister nahm einen goldenen Nußknacker und knackte die erste Schale – heraus kam aber nur ein ganz gewöhnlicher Nußkern. Der König ließ die zweite, die dritte, die vierte und fünfte Nuß knacken. Eine Wundernuß war nicht dabei.

›Schwindler!‹ schrie der König. ›Das sind ganz gewöhnliche Nüsse. Die gibt es zu Tausenden in meinem Königreich.‹

›Gewiß‹, antwortete der Wanderbär, ›ganz gewöhnliche Nüsse. Aber bedenkt doch: Sie wachsen auf Bäumen, in einem einzigen Sommer bekommen sie eine harte Schale, und sie schmecken süß. Ist das nicht wunderbar genug?‹

Da nickten alle. Und die Prinzessin rief: ›Er hat recht. Er ist der klügste Bär, der mir begegnet ist. Den will ich zum Mann.‹

Und weil die Bärenprinzessin immer bekam, was sie wollte, bekam sie auch den Wanderbären zum Mann.«

»Und wenn sie nicht gestorben sind«, sagt Bim, »dann leben sie heute noch.«

»So haben alle Märchen aufgehört, die mir meine Mutter erzählt hat«, sagt Gustav. »Und jetzt schlaft schön.«

Wer am höchsten hüpfen kann

Einmal haben Cilli und Mocke miteinander geturnt. Sie turnen gern, weil sie das nämlich gut können. Cilli kann zehn Purzelbäume hintereinander schlagen, und Mocke kann ganz schnell auf zwei Händen laufen.

Bim turnt nicht so gern. Beim Purzelbaumschlagen plumpst er immer auf die Seite, und anstatt auf zwei Händen zu laufen, kriecht er auf allen vieren. Da lachen ihn Cilli und Mocke aus. Deshalb mag er überhaupt nicht mehr mitmachen.

Er schaut aus einer Ecke zu, wie Cilli und Mocke turnen. Sie werfen die Beine in die Luft, immer rechts, links, rechts, links. Sie lassen die Arme kreisen wie Windmühlenflügel.

Sie fassen sich bei den Händen und wirbeln so schnell herum, daß es Bim schon vom Zuschauen schwindlig wird.

»Jetzt versuchen wir, wer am höchsten hüpfen kann«, sagt
Mocke.

In Gustavs Spielkiste finden sie ein Seil. Das spannen sie
zwischen zwei Stühle und fangen zu hopsen an.

Hinüber und herüber –
hinüber und herüber.

»Mach doch mit!« rufen sie Bim zu.

Aber Bim traut sich nicht.

»Ist mir zu hoch«, sagt er und rutscht noch weiter in die Ecke.

»Du bist ja feige!« ruft Mocke.

»Ich bin gar nicht feige«, sagt Bim. »Das Seil ist zu hoch.«

Da kommt Gustav Bär ins Haus. »Was ist denn hier los?« fragt er. »Und warum sitzt Bim in der Ecke?«

»Der traut sich nicht!« rufen Cilli und Mocke.

»Ist mir zu hoch«, sagt Bim.

Gustav Bär tippt an das Seil. Er mißt an seinem Bein, wie hoch es ist. Dann geht er ein Stück zurück und nimmt einen Anlauf. Vor dem Seil hält er an.

»Das ist mir auch zu hoch«, sagt er. »Man muß ganz niedrig anfangen. Komm, Bim, wir probieren es mal.«

Er nimmt Bim bei der Hand, legt das Seil auf den Boden und springt mit Bim darüber. Das geht natürlich ganz leicht, und Bim lacht. Dann spannt Gustav das Seil ein bißchen höher. Das geht auch noch leicht. Dann noch höher und noch höher – bis Bim sagt: »Jetzt reicht's.«

Cilli und Mocke schauen zu und staunen. »Geht ja prima«, rufen sie.

Da dreht sich Bim auf einem Bein rund um sich selbst und sagt: »Und morgen hüpfe ich genauso hoch wie ihr!«

Gustav Bär erzählt
seine fünfte Gute-Nacht-Geschichte

Heute erzählst du uns wieder eine wahre Geschichte«, sagt Bim. »Bitte, Gustav. Eine Geschichte von damals, als du klein warst.«

»Also gut«, sagt Gustav. »Es war einmal ein kleiner Bär, der hatte einen Vater und eine Mutter und eine Tante Lillibär, und alle hatten ihn lieb. Abends, wenn er im Bett lag, wickelte ihn seine Mutter in eine schöne weiche Decke. In der Früh, wenn er aufwachte, schnupperte er den guten Geruch von Bärenhöhle und Honigplätzchen. Er spürte den warmen Atem seiner Mutter, die sich über ihn beugte. ›Hat mein kleiner Bär gut geschlafen?‹ fragte sie.

Da hopste der kleine Bär aus dem Bett und freute sich, daß ein neuer Tag begonnen hatte.

Einmal, als der kleine Bär gerade vor seinem Milchbrei saß, flog die Tür weit auf. Der Vater stand auf der Schwelle. Aber er war nicht allein. Er führte ein fremdes Bärenkind an der Hand.

Das sah ganz verschüchtert aus und schnuffelte, als hätte es geweint.

Der Vater schob das Bärenkind in die Höhle und sagte:

›Komm nur. Du brauchst dich nicht zu fürchten. Hier tut dir keiner was.‹

Dann erklärte er: ›Ich hab es im Wald gefunden. Ich wollte schauen, ob es schon Pilze gibt. Plötzlich hat sich in einem Blätterhaufen etwas bewegt. Zuerst habe ich gedacht, da sitzt ein Fuchs darunter. Aber es war kein Fuchs. Es war dieses Bärenmädchen. Olga heißt es.‹

Der kleine Bär am Tisch ließ seinen Löffel in den Milchbrei fallen. – Wie kam das Bärenkind in einen Blätterhaufen? Wieso war es ganz allein im Wald?

Der Vater erzählte auch gleich weiter: ›Die kleine Olga hat keinen Vater und keine Mutter mehr. Viele Wochen lang ist sie ganz allein im Wald umhergeirrt. Sie hat sich Wurzeln ausgegraben und Beeren gesucht.‹

›So ein armes Ding‹, seufzte Tante Lillibär. ›Wie mager sie ist!‹

Der Vater strich Olga über den Kopf. ›Nun‹, fragte er, ›was meint ihr? Kann sie nicht bei uns bleiben?‹

›Aber natürlich!‹ rief die Mutter gleich. ›Wir haben Platz genug!‹

Tante Lillibär klatschte in die Hände und rief: ›Wunderbar! Ein kleines Bärenmädchen in der Familie habe ich mir schon immer gewünscht!‹

Sie rollte vom Sofa herunter und watschelte zur Keksdose. ›Hier!‹ rief sie. ›Honigplätzchen! Damit Olga wieder dicke Backen bekommt.‹

Die Mutter beugte sich zu dem kleinen Bärenmädchen hin-

unter und nahm es in ihre Arme. Olga hörte auf, die Tränen hochzuschnuffeln. Sie kuschelte sich ins warme Fell der Mutter und war bald fest eingeschlafen.

›Und du?‹ fragte Tante Lillibär. ›Was sagst du dazu, Gustavchen? Ist das nicht wunderbar? Jetzt hast du eine kleine Schwester.‹

Der kleine Bär wußte nicht genau, ob er sich darüber freuen sollte. Er dachte: Eigentlich ist sie ganz nett. Aber wenn sie meine Spielsachen kaputtmacht? Und wenn sie mir meinen Kuschelplatz bei der Mami wegnimmt?

Er wußte wirklich noch nicht, ob er sich freuen sollte.«

»Ich hätte mich gefreut«, sagt Bim. »Da hatte er doch jemand zum Spielen.«

»Hat er sie später leiden mögen?« fragt Cilli.

»Das erzähle ich ein andermal«, sagt Gustav Bär. »Jetzt ist es Zeit zum Schlafen. Gute Nacht.«

Das Zappelgespenst

Eines Morgens wachen die drei Wanderbären ganz früh auf. Gustav schläft noch tief. Mit dem ist nichts los. Wenn sie an seiner Bettdecke zupfen, blinzelt er ein bißchen und brummt: »Laßt mich in Ruh!« Dann dreht er sich um und schläft weiter.

Die drei kleinen Bären wissen nicht, was sie anfangen sollen. Bim rutscht vor lauter Langeweile auf dem Hintern durchs Zimmer, Mocke klettert auf den Schrank, und Cilli – ja, wo ist denn Cilli plötzlich hin?

Cilli ist nirgends zu sehen. Nur Gustavs Sonntagshemd zappelt im Zimmer herum. Bim und Mocke merken sofort, wer da im Hemd steckt. Auf einmal ist ihnen nicht mehr langweilig.

»Wir auch! Wir auch!« rufen sie.

Sie kriechen zu Cilli in Gustavs Hemd. Und nun hopsen sie auf und ab.

Sie schlenkern mit den Hemdsärmeln, raffen das Hemd vorne hoch und ziehen es hinten wie eine Schleppe nach. Dabei stöhnen und wimmern sie ganz schaurig.

Davon wacht Gustav auf. Ängstlich schaut er auf das unheimliche weiße Ding, das vor seinem Bett herumgeistert. Er weiß nicht, ob er fortlaufen oder sich verkriechen soll. Ganz steif bleibt er im Bett sitzen.

»Hilfe!« schreit er. »Hilfe, ein Gespenst!«

Die drei kleinen Wanderbären platzen fast vor Lachen. Bim stolpert über Cillis Füße, und alle drei kullern im Zappelhemd über den Boden.

»Hilfe!« stöhnt Gustav.

Da entdeckt er die kleinen Bärentatzen, die unter dem weißen Gespensterhemd hervorschauen. Er hört es kichern. Und er sieht plötzlich, daß das Gespenst einen Kragen hat wie sein Sonntagshemd. Da weiß er, was los ist.

»Hej, kommt raus!« ruft er. »Ihr seid erkannt!«

Cilli, Bim und Mocke wursteln sich aus dem großen Hemd heraus. Nun stehen sie vor Gustav und biegen sich vor Lachen. Auch Gustav lacht, daß ihm der Bauch wackelt.

»Mal ehrlich!« ruft Cilli. »Du hast dich vor uns gefürchtet!«

Gustav gibt nie gerne zu, daß er sich vor irgend etwas fürchtet. Er druckst herum und sagt schließlich: »Na ja, nicht richtig gefürchtet. Vielleicht ein ganz kleines bißchen.«

Aber Cilli, Bim und Mocke wissen Bescheid. Es macht ihnen Spaß, daß sich der große Gustav auch mal vor ihnen gefürchtet hat.

Gustav Bär erzählt
seine sechste Gute-Nacht-Geschichte

Wovon soll ich heute erzählen?« fragt Gustav Bär.

»Von Olga und dem kleinen Bären«, sagt Cilli. »Ob er mit ihr gespielt hat und ob er sie leiden mochte.«

»Also gut«, sagt Gustav Bär. »Es war einmal ein kleiner Bär, der hatte plötzlich eine Schwester bekommen. Sie hieß Olga und war genauso alt wie er.«

»Die hatte der Vater nämlich im Wald gefunden«, sagt Cilli.

»Richtig«, fährt Gustav fort. »Olga gehörte jetzt also zur Familie. Für den kleinen Bären war das zuerst gar nicht einfach. Er wollte seine Spielsachen nicht mit Olga teilen, und es gefiel ihm nicht, daß sie immer das gleiche bekam wie er.

Wenn nämlich Tante Lillibär ihm ein Honigplätzchen schenkte, dann schenkte sie auch Olga eins. Wenn der Vater ihm eine Sandschaufel schnitzte, dann schnitzte er auch eine für Olga. Wenn die Mutter ihm einen Gutenachtkuß gab, dann bekam auch Olga einen Kuß.

Alle waren lieb zu Olga, und der kleine Bär dachte: Vielleicht haben sie mich jetzt nicht mehr so lieb.

Aber das stimmte gar nicht!

Einmal nahm ihn die Mutter auf den Schoß und sagte: ›Wie bin ich froh, daß ich meinen kleinen Gustav habe.‹

›Und Olga?‹ fragte der kleine Bär schnell.

›Olga‹, antwortete die Mutter, ›ist jetzt auch mein Kind. Aber dich hab ich trotzdem genauso lieb wie immer. Das ist doch klar!‹

Da hat der kleine Bär in die Hände geklatscht und gejubelt: ›Das ist doch klar!‹

Eigentlich war es mit Olga viel lustiger als allein. Sie spielten zusammen Verstecken. Sie kugelten die Grashügel hinunter. Sie kletterten auf Bäume und sprangen von oben ins weiche Moor.

Eines Morgens schaute die Mutter aus der Höhle und sagte: ›Heute ist ein Regentag, ein grauer nasser Regentag.‹

Tante Lillibär rührte in einer Tasse mit Honigmilch und sagte: ›Heute ist ein Höhlentag. Da müssen kleine Bären im Haus bleiben. Draußen holen sie sich nasse Füße und einen Schnupfen.‹

Olga und der kleine Bär liefen zur Tür und steckten die Nasen ins Freie. Es tripfte und tropfte vom Himmel herunter.

›Regen ist schön‹, sagte Olga.

›Regen ist wunderschön‹, bestätigte der kleine Bär.

Sie lauschten hinaus, wie es tripfte und tropfte, und sie hielten ihre Pfoten in den Regen.

Überall standen Pfützen.

›So viel schöne Matschepatsche‹, sagte Olga.

›Wir wollen hinaus‹, sagte der kleine Bär.

›Wartet, bis es nicht mehr so gießt‹, sagte die Mutter.

Kaum hatte der Regen ein bißchen nachgelassen, da rannten die beiden Bärenkinder hinaus. Sie patschten in den Pfützen herum. Sie wateten durch den Schlamm. Sie bespritzten sich mit Matschepatsche, bis sie vom Kopf bis zu den Pfoten schwarz waren.

›Huch!‹ rief Tante Lillibär. ›Was sind denn das für zwei Ungeheuer?‹

Da lachten die beiden Ungeheuer und sagten: ›Wir sind doch Olga und der kleine Bär!‹

›Das glaube ich nicht‹, sagte die Mutter. ›Ich muß erst mal sehen, was unter dem Dreck ist.‹

Sie packte die beiden kleinen Ungeheuer, steckte sie in die Badewanne und schrubbte ihnen das Fell so lange, bis Olga und der kleine Bär wieder zum Vorschein kamen.

Tante Lillibär kam gleich mit zwei Bechern heißer Honigmilch an. ›Das ist gut gegen Erkältung‹, sagte sie.

Olga und der kleine Bär waren gar nicht erkältet. Aber die Honigmilch hat ihnen trotzdem geschmeckt.«

Gustav Bär reibt sich die Augen. »Honigmilch!« sagt er. »Morgen früh mache ich uns Honigmilch zum Frühstück. – Und jetzt schlaft! Gute Nacht.«

Der Haferbrei

Gustav Bär steht vor seiner Speisekammer. Er schaut nach, ob noch genug zu essen da ist.

»Wir brauchen Rüben«, sagt er, »und Johannisbrot und Salat. Ich muß zu meinem Vetter Dagobär gehen. Bei dem wachsen Gemüse und ein Johannisbrotbaum.«

»Wo wohnt er denn, dein Vetter Dagobär?« fragt Mocke.

»Ziemlich weit weg«, sagt Gustav. »Ich muß zuerst durch den Wald gehen, dann über eine Wiese, dann durch den Bach, dann über einen Berg. Und auf der andern Seite des Berges hat der Dagobär seine Höhle.«

Gustav setzt seinen Rucksack auf. »Wenn ich zurückkomme«, sagt er, »koche ich uns einen süßen Haferbrei.«

Dann zottelt er los.

Cilli, Bim und Mocke bleiben lange allein im Bärenhaus.

»Gustav soll endlich zurückkommen«, sagt Bim.

»Er hat einen weiten Weg«, erklärt Mocke. »Er muß zuerst durch den Wald, dann über eine Wiese, dann durch den Bach, dann über einen Berg. Und auf der andern Seite des Berges wohnt erst der Vetter Dagobär.«

Cilli sagt: »Wenn Gustav zurückkommt, ist er bestimmt müde und hungrig.«

Bim sagt: »Ich hab eine Idee! Heute kochen *wir* mal den Haferbrei. Da wird sich Gustav freuen.«

Mocke geht sofort zum Herd und legt Holz auf die Glut. Das Feuer beginnt zu knistern. Dann wuchten sie zusammen den Milchtopf auf die Herdplatte.

»Jetzt brauchen wir noch Haferflocken und Zucker«, sagt Cilli.

Sie suchen in Gustavs Vorratsschrank. Alle Tüten reißen sie auf. Da rieselt der Reis heraus und der Grieß und das Mehl.

»Hier!« sagt Cilli. »Hier sind die Haferflocken.«

»Und wo ist der Zucker?« fragt Bim.

»Ich hab ihn!« ruft Mocke. »Hier in der Tüte ist er. Ganz fein und weiß.«

Er rückt einen Stuhl an den Herd und steigt hinauf. Die Milch fängt gerade zu kochen an. Mocke rührt darin herum und schüttet Haferflocken dazu.

»Jetzt den Zucker!« kommandiert er.

Zuerst streut er einen Löffel voll in den Brei, dann noch einen und noch einen.

»Gustav mag den Brei schön süß«, sagt Cilli.

Da packt Mocke die Tüte und schüttet alles, was darin ist, in den Topf.

»Fertig!« sagt er.

Ehe sie aber probieren können, geht die Tür auf, und Gustav kommt herein. Er streift den schweren Rucksack von den Schultern und läßt sich auf einen Stuhl fallen. Dann entdeckt er den dampfenden Brei.

»So eine Überraschung!« ruft er. »Meine kleinen Wanderbären haben Haferbrei gekocht! Ich hab schon mächtig Hunger.«

Sie setzen sich um den Tisch. Gustav probiert und verzieht das Gesicht. Er fängt an zu husten und zu spucken. Auch die drei kleinen Bären verziehen die Gesichter und husten und spucken.

»Uuuauuu!« macht Bim.

»Greulich!« murmelt Mocke.

»Salz!« schreit Gustav. »Ihr habt Salz statt Zucker erwischt.«

Cilli, Bim und Mocke lassen die Köpfe hängen. Sie haben es so gut gemeint, und jetzt ist alles verdorben.

»Kann jedem mal passieren«, tröstet Gustav.

Für einen neuen Brei ist aber nicht mehr genug Milch da. Deshalb rührt Gustav einen Pfannkuchenteig an. Er backt einen hohen Berg Pfannkuchen.

Als der letzte in der Pfanne ist, sagt Gustav: »Wir packen schnell den Rucksack aus.«

Er holt die Rüben heraus und den Salat und auch ein Töpfchen mit Tannensirup.

»Tannensirup paßt gut zu Pfannkuchen«, sagt Gustav.

Mit einem Mal streckt Mocke die Nase vor und schnuppert.

»Es riecht angebrannt«, sagt er. Aus der Pfanne qualmt es. Der letzte Pfannkuchen ist kohlschwarz verbrannt.

»Daß mir so was passieren muß!« brummt Gustav.

Aber die drei kleinen Bären trösten ihn: »Macht ja nichts. Kann jedem mal passieren.«

Zum Glück sind schon genug Pfannkuchen fertig. Die essen sie mit viel süßem Tannensirup.

Gustav Bär erzählt
seine siebte Gute-Nacht-Geschichte

*E*s war einmal ein kleiner Bär«, beginnt Gustav.

Mocke unterbricht ihn.

»Ich weiß, wie's weitergeht«, ruft er. »Der kleine Bär hatte einen Vater und eine Mutter und eine Tante Lillibär und Olga. Und alle hatten ihn lieb.«

»Richtig«, sagt Gustav, »alle hatten ihn lieb. Trotzdem hatte der kleine Bär einmal ganz schlechte Laune. Er war schon mit schlechter Laune aufgewacht. Am liebsten wäre er gar nicht aufgestanden. Waschen wollte er sich nicht. Sein Frühstück wollte er nicht essen, und spielen wollte er auch nicht. Er kickte seine Spielsachen in die Ecke und machte ein böses Gesicht.

Ganz schlimm wurde es, als die Mutter sagte: ›Schau nur, wie brav Olga spielt.‹ Da wurde der kleine Bär richtig wütend.

Olga hockte am Boden und baute an einem Turm aus Bauklötzchen. Viele bunte Klötzchen hatte sie aufeinandergesetzt. Der Turm war schon ziemlich hoch.

›Da!‹ sagte sie zu dem kleinen Bären und hielt ihm ein Klötzchen hin. ›Du kannst mitbauen.‹

Aber der kleine Bär hatte Wut, Wut, Wut. Er ballte die Fäuste und kickte mit den Füßen gegen den Turm, daß alle Klötzchen im Zimmer herumpurzelten. Dann verkroch er sich in eine Ecke und hängte seine Decke über sich.

Er hörte Olga schluchzen, und er wartete darauf, daß die Mutter schimpfte. Sie schimpfte aber nicht.

Die Decke, unter der er kauerte, hatte ein Loch. Genau vor seinem rechten Auge. Da hat der kleine Bär hindurchgeblinzelt. Er hat gesehen, wie die Mutter zwei Körbe vom Schrank nahm, einen großen und einen kleinen. Er hat gesehen, wie sie den großen Korb über den Arm hängte und Olga den kleinen gab. Er hat gesehen, wie sie Olga bei der Hand faßte und mit ihr zur Tür ging.

An der Tür drehte sich die Mutter noch einmal um und fragte: ›Magst du vielleicht mitkommen? Wir wollen Blaubeeren sammeln.‹

Der kleine Bär hat schnell die Augen zugekniffen und sich nicht gerührt. Die Mutter wartete noch eine Weile. Schließlich sagte sie: ›Dann gehen wir jetzt.‹

Der kleine Bär hat die Decke ganz fest um sich gezogen und gegrummelt: ›Geht doch! Geht doch weg! Geht doch dahin, wo . . . wo . . .‹ Er wollte etwas ganz Böses sagen. Weil ihm aber nichts einfiel, sagte er: ›. . . wo der Pfeffer wächst.‹

Was das bedeutete, wußte der kleine Bär nicht so genau. Er hatte das einmal von seinem Onkel Adalbär gehört, und es hatte ihm gefallen. Gewiß war das Land, wo der Pfeffer wächst, ganz weit weg. So sollte es ein! ›Wo der Pfeffer wächst!‹ wiederholte er, als die Tür hinter der Mutter und Olga zuschlug.

Ungefähr eine Stunde lang hat der kleine Bär dagesessen,

eingehüllt in die Decke und in seinen Zorn. Ab und zu hat er aus dem Loch herausgelugt, aber im Zimmer bewegte sich nichts. Allmählich ist es ihm heiß geworden unter der Decke. Er hat sie abgeworfen und ist darauf herumgerutscht.

Ob sie jetzt schon dort waren, wo der Pfeffer wächst?

Viel, viel Zeit verging. Der kleine Bär merkte es daran, daß er Hunger bekam. Er versuchte zu singen. Seine Stimme klang fremd in der einsamen Stube.

Einmal hörte er Schritte. Gespannt schaute er auf. Aber die Schritte schlurften vorüber.

Die Sonne ging schon unter. Wo sie nur blieben?

Und dann, ganz plötzlich, ist ihm ein schrecklicher Gedanke gekommen: Wenn die Mutter und Olga nie wiederkämen? Wenn sie nicht mehr zurückfänden aus dem Pfefferland?

›Mami!‹ heulte er. ›Mami, Olga! Mami, Olga!‹

Da öffnete sich die Tür, und beide standen da. Jede hatte ein Körbchen mit Beeren am Arm.

Der kleine Bär stürzte auf sie zu und vergrub sein Gesicht im Fell der Mutter.

›Ich hab . . . ich bin . . . ich wollte . . .‹, stammelte er.

Aber die Mutter hat ihm nur sanft über den Kopf gestreichelt und gesagt: »Heute gibt es Pfannkuchen mit Blaubeeren.‹

Und Olga hat ihm ihr Körbchen hingeschoben. ›Da! Die hab ich alle für dich gesammelt.‹

Da war der kleine Bär wieder froh.«

»Das war schön«, sagt Cilli. »So lustig, wie der kleine Bär aus dem Loch gelugt hat.«

»Gibt es das Pfefferland wirklich?« fragt Bim.

»Ich war noch nicht dort«, sagt Gustav. »Und ich möchte auch gar nicht hin. Ich möchte jetzt schlafen. Gute Nacht.«

Der Winter kommt

Eines Morgens wacht Gustav Bär auf. Er versucht, sich im Bett aufzusetzen. Plumps, fällt er wieder in die Kissen zurück.

»Uuaaa, bin ich müde«, brummelt er.

Er macht erst mal das rechte Auge auf. Klapp, fällt es wieder zu. Dann macht er das linke Auge auf. Klapp, fällt es ihm auch gleich wieder zu.

Was ist bloß los? denkt Gustav.

Er reibt sich die Augen, und als er sie lange genug gerieben hat, kann er ein bißchen blinzeln.

Da fällt sein Blinzelblick auf den Kalender. Jetzt begreift Gustav, was los ist.

»Auweh, der Winter fängt bald an«, knurrt er. »Es wird Zeit für den Winterschlaf.«

Cilli, Bim und Mocke sind längst aufgestanden. Sie sitzen auf dem Fensterbrett und schauen hinaus.

»Winterschlaf?« fragt Cilli. »Hältst du vielleicht Winterschlaf?«

»Klar«, sagt Gustav. »Ihr etwa nicht?«

»Nie!« sagt Mocke. »Wanderbären halten keinen Winterschlaf.«

Auweh! denkt Gustav. Sie halten keinen Winterschlaf! Da sieht's schlecht aus mit meiner Ruhe.

Trotzdem beginnt er, sein Bett für den Winter herzurichten. Er schüttelt die Federkissen auf und füllt frisches Stroh in die Matratze. Zwischendurch gähnt er.

Draußen ist es schon ziemlich kalt. Eine schwarze Wolkenwand schiebt sich näher und näher.

»Die bringt Regen oder sogar Schnee«, sagt Gustav.

»Regen oder Schnee?« wiederholt Bim und fröstelt.

Gustav streicht seine Bettdecke glatt und murmelt: »Jaja, es wird kalt.«

Die drei kleinen Bären lassen die Köpfe hängen.

»Wanderbären brauchen Sonne«, erklärt Cilli.

»Wanderbären wandern immer dahin, wo es warm ist«, sagt Mocke.

Gustav schaut auf. »Wollt ihr etwa fort? Dahin, wo es warm ist?«

Cilli nickt. Bim nickt. Mocke nickt. Gustav nickt auch. Aber er seufzt ein bißchen dabei.

»Wir müssen bald fort«, sagt Mocke. »Bevor der Schnee kommt.«

»Sonst erfrieren wir draußen«, sagt Bim.

Gustav Bär seufzt wieder. Dann zieht er ein Stück karierten Stoff aus dem Schrank und näht drei kleine Rucksäcke daraus. In den ersten Rucksack steckt er ein paar frische Rüben. In den zweiten Rucksack steckt er Johannisbrot. In den dritten Rucksack setzt er ein Töpfchen mit Honig.

»Damit ihr unterwegs nicht verhungert«, sagt er.

»Wir werden immer an dich denken«, sagt Bim.

»Und an deine guten Pfannkuchen«, sagt Mocke.

»Und an deine schönen Geschichten«, sagt Cilli.

Dann wandern sie los. Der Wind treibt sie schnell über die kahlen Felder.

Gustav bleibt allein zurück.

Zuerst ist er traurig. Aber dann denkt er: Mit Wanderbären ist das eben so. Die wandern immer der Sonne nach. Für mich wäre das nichts. Ich bin müde und will schlafen.

Gustav rollt sich in sein breites Bett, deckt sich warm zu, und beim Einschlafen murmelt er: »Ich muß mir viele neue Geschichten ausdenken; denn im Frühling, ganz bestimmt, im Frühling kommen sie wieder, die kleinen Wanderbären.«

Tilde Michels
wurde in Frankfurt a. M. geboren und lebt heute in München.
Sie ist eine der bekanntesten deutschen Kinderbuchautorinnen.
Daneben arbeitet sie für Funk und Fernsehen und als Übersetzerin.
Ihre Bücher wurden mehrfach ausgezeichnet.

Helga Spieß
wurde in Oldenburg i. Holstein geboren.
Sie studierte Grafik in Bremen und an der Hochschule für Gestaltung
in Offenbach am Main. Heute lebt sie mit ihrer Familie in Frankfurt a. M.
und illustriert vorwiegend Kinderbücher.